Inhalt

Unternehmenskäufe - der Markt erholt sich und entwickelt neue Strategien

Kernthesen

Beitrag

Fallbeispiele

Weiterführende Literatur

Impressum

Unternehmenskäufe - der Markt erholt sich und entwickelt neue Strategien

M.Dengl

Kernthesen

- Unternehmensübernahmen gingen in den letzten zwei Jahren deutlich zurück und nehmen jetzt wieder zu.
- Im Fall von Unternehmenskäufen (-Akquisitionen) gilt es sowohl für den Verkäufer, als auch für den Käufer, sich sorgfältig strategisch vorzubereiten.
- In der Praxis drohen Unternehmenskäufe zu platzen, wenn sich der Käufer und Verkäufer nicht über die künftigen

Ertragschancen des zu kaufenden Unternehmens einigen können. Eine Maßnahme sich beim Unternehmenskauf abzusichern, ist die Vereinbarung sogenannter Earn-Out-Klauseln.
- Auch Ünternehmenskäufe aus Insolvenzen können durchaus eine zukunftsträchtige Strategie sein. Ein wichtiger Aspekt dabei ist der Zeitfaktor.

Beitrag

Earn-Out-Klauseln als strategische Sicherung beim Unternehmenskauf

Obwohl sich eine langsame Erholung der Wirtschaft abzeichnet, erfolgen Unternehmenskäufe durchaus noch vor dem Hintergrund einer unsicheren wirtschaftlichen Entwicklung. Aufgrund der Finanzkrise in den letzten Jahren, sind die Unternehmen deshalb etwas vorsichtiger geworden, wenn es darum geht, einen hohen Kaufpreis für ein Unternehmen zu bezahlen. In der Praxis drohen Unternehmenskäufe zu platzen, wenn sich der Käufer und Verkäufer nicht über die künftigen

Ertragschancen des zu kaufenden Unternehmens einigen können. Insbesondere bei relativ neuen Unternehmen oder bei Unternehmen, deren Entwicklung wesentlich vom Eintritt bestimmter Ereignisse abhängt, ist die Ermittlung eines "angemessenen" Unternehmenswerts - und damit letztlich der Höhe des Kaufpreises - schwierig. Aber auch hierfür gibt es durchaus Lösungen. Zur Überbrückung unterschiedlicher Kaufpreisvorstellungen bietet sich beispielsweise der Einsatz von sogenannten Earn-Out-Klauseln an. Hierbei handelt es sich um eine Form der Kaufpreisvariabilität, die zumindest Teile des Kaufpreises vom künftigen Unternehmensergebnis abhängig machen. Das Prognoserisiko des Unternehmenskäufers lässt sich dadurch deutlich verringern. Hauptziel von Earn-Out-Klauseln ist es, einen Unternehmenskauf trotz abweichender Kaufpreisvorstellungen erfolgreich strategisch abzuschließen. Darüber hinaus können durch den Einsatz von Earn-Out-Klauseln Anreize für den Verkäufer geschaffen werden, sich weiterhin in das Unternehmen einzubringen. Der Verkäufer wird sich allerdings meist nur auf eine Earn-Out-Gestaltung einlassen, wenn diese für ihn zu einem höheren Verkaufspreis führt. (1), (9)

Unternehmenskauf aus der

Insolvenz

Die schwierige wirtschaftliche Situation während der Finanzkrise der letzten Jahre, haben bei diversen Unternehmen in Deutschland zur Insolvenz geführt. Und nicht Wenige davon gingen den Weg, das insolvente Unternehmen zu verkaufen.

Transaktionsverfahren und Bietungs- oder Auktionsverfahren
Im Insolvenzfall lassen sich bei Unternehmenskäufen zwei grundsätzliche Verfahrensarten unterscheiden. Einmal das herkömmliche Transaktionsverfahren, bei dem sich die potenziellen Verkäufer und Käufer in der Regel auf höchster Management-Ebene direkt gegenüberstehen. Die Vertragsanbahnung erfolgt hier meist durch persönliche Kontakte oder durch die Vermittlung professioneller M&A-Berater. Vor allem bei Unternehmenskäufen mit sehr hohen Transaktionsvolumen oder wenn dem Verkaufsinteressenten gleich mehrere Kaufinteressenten gegenüberstehen, kommt auch das so genannte (beschränkte) Bietungs- oder Auktionsverfahren in Frage. Da Letzteres in der Regel mit hohem Aufwand und Kosten verbunden ist, erfolgt der Unternehmenskauf aus der Insolvenz allerdings meist nach dem Transaktionsverfahren.

Als Käufer eines insolventen Unternehmens kommen

vor allem Finanzinvestoren und strategische Käufer in Betracht. Für die Einen ist der Unternehmenskauf eine Investment, das später wieder zum Verkauf steht, die Anderen, insbesondere Mitbewerber, sehen im Kauf eine Stärkung ihrer strategischen Wettbewerbsposition.

Share Deal und Asset Deal

Ein Unternehmenskauf aus der Insolvenz kann als "Share Deal" oder auch als "Asset Deal" erfolgen. Bei einem Share Deal kauft der Käufer das gesamte Unternehmen, indem er alle Anteilsrechte am Unternehmen erwirbt. Dazu gehören allerdings auch unbekannte Risiken, Verbindlichkeiten und Altlasten. Dieses Risiko kann durch einen Asset Deal gemildert oder sogar beseitigt werden. Denn bei einem Asset Deal werden im Gegensatz zum Share Deal nicht die Geschäftsanteile, sondern die einzelnen Vermögensgegenstände des Unternehmens auf den Käufer übertragen. Daher ist der Asset Deal beim Unternehmenskauf aus der Insolvenz die Regel.

Vorteile von Unternehmenskäufen aus der Insolvenz

Der Unternehmenskauf aus der Insolvenz heraus bietet einige positive Aspekte im Vergleich zu den "normalen" Unternehmenskäufen. Oftmals können Arbeitsplätze erhalten werden, die ansonsten verloren wären. Außerdem gehen nach dem Insolvenzverkauf, nur Verbindlichkeiten aus laufenden Arbeitsverhältnissen über, also nur Kosten, die seit der Eröffnung des Insolvenzverfahrens entstanden sind. Ein wichtiger Faktor, der für Unternehmenskäufe aus der Insolvenz spricht, ist aber die Zeit. Bei normalen Unternehmenskäufen kann die Transaktion etwa sechs bis neun Monate dauern. Im Falle eines von der Insolvenz erfassten Unternehmens ist der Kauf meist nach nur vier bis zwölf Wochen abgeschlossen. Deshalb sollten Interessenten darauf achten, bereits frühzeitig während eines Insolvenzverfahrens mit den Vertragsverhandlungen zu beginnen. Denn gerade der Zeitfaktor ist hier das wichtigste strategische Kriterium. (2)

Trends

Investmentbanken erwarten 2011 einen Übernahme-Boom

Die führenden Investmentbanken erwarten für das Geschäft mit den Fusionen und Übernahmen, für das Jahr 2011 in Deutschland einen Übernahme-Boom. Dies ließ der Deutschland-Chef des US-Instituts Merrill Lynch, Holger Bross vermelden. Der Manager erwartet, dass sich das Transaktionsvolumen in Deutschland um 25 Prozent auf mindestens über hundert Milliarden Euro steigern wird. Der gleichen Meinung ist auch der Deutschland-Chef der US-Investmentbank Goldman Sachs, Alexander Dibelius. Beide Manager erwarten viele abgeschlossenen Übernahmen für das Jahr 2011. (4)

Fallbeispiele

Goldman führt das Übernahme-Geschäft an

Die US-Bank Goldman Sachs hat im vergangenen Jahr ihren ärgsten Konkurrenten, die Morgan Stanley Bank, beim Geschäft mit den Firmenübernahmen überholt. Goldmann Sachs gelang es unter der Führung von Vorstandschef Lloyd Blankfein, sich an 370 Transaktionen im Wert von 554,5 Milliarden Dollar zu beteiligen. Morgan Stanley hingegen kam nur auf 538,1 Milliarden Dollar, verteilt auf 394 Fusionen und Übernahmen. Unter den deutschen Banken führt die Deutsche Bank im Bereich Unternehmenskäufe. Sie belegt weltweit den fünften Platz. (3)

Deka-Übernahme durch Sparkassen kurz vor Abschluss

Die Konsolidierung im öffentlichen Bankensektor kommt, wie schon lange gefordert, endlich in Bewegung. So wollen die deutschen Landesbanken nach monatelangen Verhandlungen, ihre Anteile am Fondsdienstleister Dekabank an die Sparkassen verkaufen. Diese hielten bisher die Hälfte der Anteile. Darauf hätten sich wohl die Landesbanken und Sparkassen grundsätzlich geeinigt. Ein Sprecher des Sparkassenverbands DSGV bestätigte die Meldung, bald zu einer Einigung über die Dekabank zu gelangen. Der Fondsdienstleister wird zurzeit mit 4,7 Milliarden Euro bewertet. Die Transaktion soll außerdem rückwirkend zum 1. Januar gelten. (5)

EU-Kommission erklärt sich mit Hochtief-Übernahme einverstanden

Der deutsche Bauchkonzern Hochtief versucht sich seit einiger Zeit vehement gegen die Übernahme durch den spanischen Konzern ACS zu wehren. Jetzt hat die EU-Kommission die von ACS geplante Übernahme genehmigt. Laut Kommission gibt es keine wettbewerbsrechtlichen Bedenken, da die Unternehmen hauptsächlich in verschiedenen Ländern tätig sind. Die Actividades de Construccion y Servicios (ACS) hatte bereits im September 2010 ein Angebot für alle Hochtiefaktien vorgelegt. Der spanische Mischkonzern besaß zu diesem Zeitpunkt bereits 29,98 Prozent des Aktienkapitals von Hochtief, bis Dezember 2010 erhöhte sich der Anteil auf 30,34 Prozent der Aktien. Über den Aktienmarkt kann ACS nun ihre Beteiligung in Ruhe auf über 50 Prozent ausbauen. (6)

Niederländer zeigen Interesse an deutschen Autozulieferern

Der niederländische Investor HTP kauft gleich zwei insolvente deutsche Autozulieferer. Zuerst übernehmen die Holländer den Saarbrückener Motorblock-Spezialisten Halberg Guss mit seinen 2 000 Mitarbeitern. HTP plant das Unternehmen wieder profitabel zu machen und möchte hierfür bis Ende 2015, Investitionen von mehr als 100 Millionen Euro tätigen. Weiterhin übernimmt HTP den ebenfalls insolventen Anbieter für Kunststoffteile Reum aus Hardheim mit 1 220 Mitarbeitern. Bereits im Jahr 2009 hatten die Niederländer den Wohnwagenbauer Knaus Tabbert gekauft. (7)

Emons Spedition übernimmt STG Logistik

Eine der ersten kleinen Unternehmenskäufe im neuen Jahr begeht die Emons Spedition. Sie übernimmt den aus dem Saarland stammenden Betrieb STG Logistik und eröffnet damit eine neue eigene Niederlassung. Hinter der STG Logistik steht das Unternehmen TLC Transport & Logistik Colonia. Bisher hatte die Emons Spedition im Saarland mit der in Saarlouis ansässigen Spedition Robert Müller zusammengearbeitet. Da Robert Müller durch die zukünftige Zusammenarbeit mit der CargoLine, kaum mehr Kapazitäten im Saarland frei hat, war die Spedition Emons gezwungen, mit einem Unternehmenszukauf zu reagieren. (8)

Weiterführende Literatur

(1) Earn-Out-Klauseln beim Unternehmenskauf
aus Betriebs Berater Heft 48/2010 Seite 2912

(2) Distressed M&A - Besonderheiten beim Unternehmenskauf aus der Insolvenz
aus Betriebs Berater Heft 48/2010 Seite 2898

(3) Goldman überholt Morgan Stanley im Übernahme-Geschäft

aus Handelsblatt Nr. 002 vom 04.01.2011 Seite 36

(4) Investmentbanken erwarten nächstes Jahr Übernahme-Boom
aus Handelsblatt Nr. 250 vom 27.12.2010 Seite 4

(5) Sparkassen vor Deka-Übernahme
aus Euro am Sonntag, 08.01.2011, Nr. 2, S. 6

(6) EU billigt geplante Übernahme von Hochtief
aus Rheinische Post Nr. vom 15.01.2011

(7) Holländer steigen bei Autozulieferern in Deutschland ein
aus Handelsblatt Nr. 015 vom 21.01.2011 Seite 24

(8) Emons kauft STG-Geschäft in Bexbach...
aus DVZ-Brief Nr. 02 vom 14. Januar 2011

(9) Alternativen der Kaufpreisstrukturierung und ihre Umsetzung im Unternehmenskaufvertrag
aus Betriebswirtschaftliche Forschung und Praxis, Heft 4/2010, S. 412-427

Impressum

Unternehmenskäufe - der Markt erholt sich und entwickelt neue Strategien

Bibliografische Information der deutschen Nationalbibliothek

Die Deutsche Nationalbibliothek verzeichnet diese Publikation in der deutschen Nationalbibliografie; detaillierte bibliografische Daten sind im Internet über http://dnb.d-nb.de abrufbar.

ISBN: 978-3-7379-1271-6

© 2015 GBI-Genios Deutsche Wirtschaftsdatenbank GmbH, Freischützstraße 96, 81927 München, www.genios.de

Alle Rechte vorbehalten. Dieses Werk ist einschließlich aller seiner Teile – z.B. Texte, Tabellen und Grafiken - urheberrechtlich geschützt. Jede Verwertung außerhalb der Grenzen des Urheberrechtsgesetzes bedarf der vorherigen Zustimmung des Verlags. Dies gilt insbesondere auch für auszugsweise Nachdrucke, fotomechanische

Vervielfältigungen (Fotokopie/Mikroskopie), Übersetzungen, Auswertungen durch Datenbanken oder ähnliche Einrichtungen und die Einspeicherung und Verarbeitung in elektronischen Systemen.